LEONARDO DA VINCI

La ciencia al servicio del arte

Por Tatiana Sgalbiero
En colaboración con Julie Piront
Traducido por Laura Soler Pinson

Arte y literatura **50MINUTOS.es**

LEONARDO DA VINCI

- **¿Nombre?** Leonardo di ser Piero da Vinci, llamado Leonardo da Vinci.
- **¿Nacimiento?** Nacido el 5 de abril de 1452 en Vinci, Toscana (Italia).
- **¿Muerte?** Fallecido el 2 de mayo de 1519 en Clos Lucé, cerca de Amboise (Francia).
- **¿Contexto?** El Renacimiento italiano.
- **¿Obras principales?**
  - *La Anunciación* (1472-1475).
  - La *Adoración de los magos* (1481-1482).
  - *La Virgen de las rocas* (versión de 1483-1486).
  - *La última cena* (1494-1498).
  - *La Virgen de las rocas* (versión de 1495-1508).
  - *La Gioconda* (1503-1505).
  - *La Virgen, el niño Jesús y santa Ana* (c. 1510).

Aunque su preocupación por el conocimiento convierte a Leonardo da Vinci en un magnífico representante de su época, lo cierto es que se aleja del resto de artistas del Renacimiento por la diversidad de sus centros de interés, entre los que se encuentran la pintura, la escultura, la arquitectura, la hidráulica, la óptica, las matemáticas, la botánica, la ingeniería militar, la anatomía o la física. Este auténtico genio se encuentra en la raíz de una producción pictórica impresionante, de bocetos increíbles y de inventos de todo tipo, algunos extremadamente modernos. Reúne todas sus investigaciones en cuadernos que suman más de 7000 páginas que, hoy en día, están desperdigados por todo el mundo y de los que se ha perdido una parte.

A lo largo de su vida, Leonardo da Vinci viaja mucho, fundamentalmente al norte y al centro de Italia, pero también a Francia, lo que le permite conocer a la mayoría de personajes importantes de su época: los artistas italianos Bramante (1444-1514), Sandro Botticelli (1445-1510), Domenico Ghirlandaio (1449-1494), Miguel Ángel (1475-1564) y Rafael (1483-1520), el escritor Maquiavelo (1469-1527), el papa León X (1475-1523), el príncipe Lorenzo de Médicis (1449-1492), el duque Ludovico Sforza (1452-1508), el conde César Borgia (1475-1507) o el rey Francisco I (1494-1547).

Sus obras artísticas y de ingeniería ejercen una gran influencia en las realizaciones de su época:

por lo general, existe un antes y un después de Leonardo da Vinci, sobre todo en pintura, donde desarrolla nuevas técnicas de representación como el *sfumato* o la perspectiva atmosférica. Aunque marca un auténtico momento decisivo artístico entre el siglo XV y el XVI, lo cierto es que no sigue una trayectoria muy fácil: ninguno de sus protectores hasta Francisco I le proporciona una satisfacción completa y, en términos generales, no logra a someterse a sus exigencias ni a imponer sus ideas. Probablemente, esta es la razón por la que la mayor parte de sus obras quedan inacabadas y, a veces, parecen estar rodeadas de tanto misterio.

CONTEXTO

EL RENACIMIENTO EN ITALIA

En el siglo XV se produce la llegada del Renacimiento a Italia, más en concreto a Florencia. Este amplio movimiento de renovación artística y cultural, que se expande por el resto de Europa en el siglo XVI, consiste principalmente en un redescubrimiento de la Antigüedad clásica a través del estudio de los textos griegos y latinos y en una revalorización del saber en general. Los eruditos de la época promulgan la dignidad del hombre, capaz de elevarse gracias a sus conocimientos. Así, es la época de la investigación y de los descubrimientos, que enriquecen todos los ámbitos científicos. Los escultores y los arquitectos son sobre todo los que desarrollan nuevas teorías (perspectiva, sistema de proporciones, etc.), que tienen un impacto directo sobre el arte.

En este ámbito, cabe señalar un cambio en el estatus del artista, que pasa a ser reconocido como tal: firma sus obras con su nombre y deja de ser considerado como un simple artesano. Por su parte, la producción artística busca sus temas en la Antigüedad y destaca otros nuevos: los profanos aumentan (retratos, desnudos, alegorías mitológicas). Además, el arte se convierte en un instrumento para glorificar a los príncipes y a las ciudades italianas que desarrollan considerablemente el mecenazgo. En ese momento, el artista recibe muchos pedidos y adquiere cada vez más prestigio.

Un hecho sorprendente es que, al contrario de lo que sucede con los otros sabios de la época, Leonardo da Vinci no basa sus conocimientos en los textos de los Antiguos, que de hecho confiesa que no conoce en sus propios relatos. Su forma de comprender su entorno y, por lo tanto, de representarlo en la pintura, está directamente relacionada con su propia experiencia y con sus experimentos científicos. De alguna manera, solo cree en lo que puede ver con sus propios ojos.

LA REPÚBLICA DE FLORENCIA

En el siglo XV, Italia está compuesta por una multitud de ciudades Estado (el país no se unificará hasta 1870). Entre ellas, está Florencia, que desde 1434 está en manos de la familia Médicis, cuya autoridad está completamente basada en su fortuna personal. Bajo su mandato, la ciudad experimenta un periodo de florecimiento en todos los ámbitos: político y económico, pero también cultural, dado que Florencia se convierte en el principal refugio artístico de la península italiana gracias sobre todo a Lorenzo de Médicis (1449-1492), llamado Lorenzo el Magnífico. Los mayores artistas y pensadores de la época están reunidos en esta ciudad. Sin embargo, cuando muere Lorenzo de Médicis, Florencia entra en un periodo de crisis que alcanza su apogeo en 1494, cuando Pedro II (1472-1503), uno de sus hijos, es expulsado de la ciudad. Este acto marca el inicio del exilio de los Médicis, que no acabará hasta 1512.

Además, el rey de Francia, Carlos VIII (1470-1498), inmerso en la conquista del ducado de Milán y del reino de Nápoles, toma el control de la ciudad ese mismo año, en 1494. Reina el miedo, reforzado por la ola de milenarismo que afecta a los florentinos: el año 1500 se acerca y estos temen el fin del mundo. Aprovechando este ambiente de preocupación para imponer sus ideas, el sacerdote Jerónimo Savonarola (1452-1498) predica una vuelta a la austeridad y organiza piras en las que manda quemar libros, cuadros, joyas y cualquier objeto que considere que es una fuente de vanidad. Pero sus prácticas no gustan a las autoridades florentinas ni al papa Alejandro VI (1431-1503), y es ejecutado en Florencia en 1498.

En 1502, la ciudad elige a Pedro Soderini (1452-1622), prior de Florencia, para el puesto de confaloniero (jefe del Gobierno) vitalicio. Pero cuando Juan de Médicis (1475-1521), el segundo hijo de Lorenzo el Magnífico, se convierte en papa en 1513 con el nombre de León X, los Médicis vuelven al poder. El soberano pontífice pone a su hermano Juliano de Médicis (1478-1516) a la cabeza de Florencia. A partir de ese momento, el papado controla la ciudad, hasta que Carlos I de España y V de Alemania (1500-1558) saquea Roma en 1527.

MILÁN Y ROMA, LOS RIVALES DE FLORENCIA

Milán también es la capital de un rico ducado que fundan los Visconti y que gobierna la familia Sforza desde 1450. Aunque no está al nivel de Florencia, la ciudad milanesa también es un centro cultural importante, sobre todo bajo el gobierno de Ludovico Sforza, a partir de 1476. Entonces, Milán vive un periodo de una gran prosperidad política, económica, cultural y artística. Aunque su corte solo está compuesta por personalidades de bajo rango, Ludovico Sforza desea rivalizar con Florencia y con los Médicis. No obstante, desarrolla en mayor medida las investigaciones científicas y los entretenimientos que las artes, ya que estas solo le interesan para legitimar su poder. Su objetivo es crear en Milán una nueva Atenas que reuniría a todos los grandes pensadores y artistas de su tiempo. Pero, en seguida, a Ludovico Sforza le cuesta conservar el poder sobre su ducado. En 1500, durante la batalla de Novara, sus mercenarios a los que no ha pagado lo entregan a los franceses. Es encarcelado en Loches, en Francia, donde muere en 1508.

Por su parte, Roma se mantiene en conflicto con Florencia a lo largo del siglo XV: la ciudad papal intenta por todos los medios expandir su autoridad por la Toscana, siempre en vano. La situación cambia cuando Juliano de Médicis es elegido papa con el nombre de León X. Entonces, Roma se atribuye la autoridad sobre Florencia y, a principios del siglo XVI, suplanta la ciudad florentina como principal centro artístico italiano. Se trata de la gran época del mecenazgo romano y una fiebre constructora se apodera de la ciudad papal. Esto se traduce sobre todo en una demolición en 1505 de la basílica de San Pedro y en su reconstrucción posterior, que dura más de un siglo. Además, para responder a las aspiraciones artísticas de la ciudad, el papa manda que traigan a Roma a los mayores pintores, escultores y arquitectos de la época (Bramante, Miguel Ángel, Rafael, etc.). De esta manera, la ciudad romana consolida su posición política e incrementa su prestigio.

LAS GUERRAS DE ITALIA

El final del siglo XV está marcado por las guerras de Italia, que ven cómo Francia invade la península italiana. El objetivo de los franceses es recuperar territorios que consideran que les pertenecen.

El rey de Nápoles, Renato de Anjou (1409-1480), fallece sin heredero y deja sus bienes al rey de Francia. A partir de 1492, Carlos VIII, deseoso de hacer valer sus derechos, prepara la primera guerra de Italia (1494-1495), en la que recupera el reino de Nápoles. Pero lo pierde rápidamente tras la coalición de sus enemigos y, entonces, se ve obligado a volver a Francia.

Su sucesor, Luis XII (1462-1515), recoge el testigo: como nieto de Valentina Visconti (1368-1408), considera que es el heredero legítimo del Milanesado. Así, en 1499, toma el ducado de Milán, donde hace prisionero a Ludovico Sforza. También recupera el reino de Nápoles con ayuda del reino de Aragón. Sin embargo, Francia vuelve a perder todas sus conquistas tras la alianza de sus contrincantes. Habrá que esperar a Francisco I y a la batalla de Marignano en 1515 para que los franceses controlen el ducado de Milán y abandonen definitivamente Nápoles a los españoles, que los han ayudado a conquistar este reino dieciséis años antes.

Las guerras de Italia tienen importantes consecuencias culturales, ya que permiten que Francia entre en contacto con el arte de Renacimiento italiano. Algunos artistas italianos, entre los que se encuentra Leonardo da Vinci, los arquitectos y escultores Sebastiano Serlio (1475-1554) y Girolamo della Robbia (1488-1566), el artista Benvenuto Cellini (1500-1571) o el pintor Francesco Primaticcio (1504-1570), acuden a Francia, donde difunden el arte renacentista, y hacen lo propio también en Flandes y en Alemania. De la misma manera, artistas y escritores franceses como François Rabelais (1494-1553) y Joachim du Bellay (1522-1560) acuden a Italia para formarse en la cultura renacentista.

BIOGRAFÍA

EL APRENDIZAJE FLORENTINO

Leonardo da Vinci nace el 15 de abril de 1452 en el municipio de Vinci, en Toscana. Es el hijo ilegítimo de Ser Piero, que proviene de una familia de notarios, y de una tal Caterina, probablemente criada. Pasa los cuatro primeros años de su infancia junto a su madre antes de instalarse en la casa paterna. Allí recibe una educación simple: aprende a leer, a escribir, a contar y se le enseñan las bases de latín. El joven observa mucho la naturaleza que lo rodea. Además, su abuela lo inicia en el arte, que también puede admirar en Vinci y en las ciudades vecinas.

Tiene talento para el dibujo y para la pintura, así que, en 1469, entra en el taller de Andrea Verrocchio (1435-1488) en Florencia. Allí se codea con artistas como Sandro Botticelli o Domenico Ghirlandaio. Su maestro primero lo inicia en las bases de la pintura (la trituración de pigmentos, la creación de aglomerantes, etc.) antes de dejarlo realizar algunos detalles de sus propios cuadros, como por ejemplo el ángel de la izquierda y el paisaje del *Bautismo de Cristo* (1475-1478). Leonardo da Vinci también aprende la escultura y la orfebrería.

Aunque obtiene el reconocimiento como pintor profesional a partir de 1472, lo cierto es que el joven artista sigue trabajando junto a su maestro. Recibe su primer encargo público en 1478: se trata de un retablo para la capilla de San Bernardo en el palacio de la Señoría en Florencia, que deja inacabado. Durante este primer periodo de su carrera, Leonardo da Vinci efectúa sobre todo dibujos y estudios de la Virgen y de la natividad. Ya en esta época, esboza diversos sistemas mecánicos.

cuadros, sobre todo en los bordados del vestido de la Gioconda.

EL VIAJE A MILÁN

A pesar de la calidad de su trabajo, la familia Médicis no fija su mirada en Leonardo da Vinci desde el principio. Sin embargo, en 1482, Lorenzo el Magnífico lo envía a Milán como embajador cultural junto a Ludovico Sforza; allí permanecerá el artista hasta 1499. Se trata de su periodo más activo y de la época que forjará su reputación. Se dedica principalmente al estudio de problemas de ingeniería militar y civil, a las ciencias y a la organización de fiestas suntuosas. También en esta época, entre 1494 y 1498, pinta *La última cena* en el refectorio del convento de Santa Maria delle Grazie. Por otra parte, dedica dieciséis años al estudio del monumento a la gloria de Francisco Sforza (1401-1466), pero jamás lo acabará. Para terminar, también crea su propio taller, donde acoge y forma a numerosos alumnos, entre los que se encuentra Ambrogio de Predis (c. 1455-1508), Francesco Galli (c. 1470-1501), llamado Napoletano, y el joven Gian Giacomo Caprotti (c.

1480-1524), llamado Salai, que lo seguirá hasta Francia.

En 1499, cuando Luis XII invade el ducado de Milán y hace prisionero a Ludovico Sforza, Leonardo da Vinci abandona la ciudad para volver a Florencia. Por el camino, para en Mantua, en la corte de Isabel de Este (1474-1539), que intenta retenerlo en vano, y más adelante hace un alto en Venecia, donde es llamado como ingeniero para que dé su opinión sobre las fortificaciones de la ciudad por la amenaza invasora turca.

EL REGRESO A FLORENCIA

Cuando vuelve a Florencia, Leonardo da Vinci trabaja en diversos proyectos artísticos, de ingeniería y de investigaciones diversas, tanto para los franceses como para Venecia o para el sultán turco. Lleva a cabo algún breve viaje a Roma, donde se le consulta sobre todo acerca de la ubicación del *David* (1501-1504) de Miguel Ángel o, también acerca de la estabilidad de ciertos edificios. A continuación, entre 1502 y 1503, el sabio acude a Ferrara y se convierte en ingeniero militar junto a César Borgia, para quien recorre toda la Romaña para estudiar las ciudades y las fortalezas conquistadas. Entonces, Leonardo da Vinci elabora mapas detallados de Imola (una ciudad de Emilia) y del norte de Italia. Para acabar, vuelve a Florencia cuando la autoridad de César Borgia está a punto de ser aniquilada por su enemigo, el papa Julio II.

En 1503, el artista instala su nuevo taller en la ciudad florentina, en la sala del papa de la iglesia de Santa Maria Novella. Entonces, se le encarga la realización de un fresco que relate la batalla de Anghiari para decorar la sala del gran consejo en la Señoría florentina. Por su parte, Miguel Ángel (1475-1564) efectúa un segundo fresco para la segunda sala, lo que despierta una cierta rivalidad entre ambos artistas. Pero, de nuevo, Leonardo da Vinci deja su obra inacabada y lleva a cabo varios viajes. En particular, va a Piombino y a Vinci en 1504, y varias veces a Milán en los años siguientes. En esta época, empieza a pintar la famosa Mona Lisa.

En 1507, Leonardo da Vinci toma como aprendiz al joven Francesco Melzi (c. 1491-1570), que se convierte poco a poco en su hijo espiritual. El joven alumno se dedica por entero a su maestro, incluso después de la muerte de este.

EL RETIRO FRANCÉS

En 1508, Leonardo da Vinci vuelve a Milán, tras la petición de Carlos de Amboise (1473-1511), que entonces rige el ducado en nombre del rey de Francia, Luis XII. Recibe el título de «pintor e ingeniero» del rey de Francia y cobra un sueldo. Sin embargo, a partir de ese momento, el artista apenas pinta ya.

Cuando Maximiliano Sforza (1493-1530) recupera Milán de manos de los franceses en 1512, Leonardo da Vinci, al que se considera que está al servicio de Francia, acude a Roma. Allí se dedica principalmente a diversos proyectos de ingeniería, pero también se codea con Bramante, con Rafael y con Miguel Ángel.

Leonardo da Vinci recibe la invitación de Francisco I y abandona definitivamente Roma por Amboise en 1516, llevándose consigo sus cuadernos y varios cuadros, entre los que figuran La Gioconda (1503-1505) y *La Virgen, el niño Jesús y santa Ana* (c. 1510). Se instala en el pequeño castillo de Clos Lucé, que el rey de Francia pone a su disposición. Este, que admira su genialidad, le ofrece un auténtico retiro dorado a cambio de algunas conversaciones. Leonardo da Vinci también retoma su actividad de organizador para las grandes fiestas y elabora distintos proyectos urbanísticos y participa en ellos, como la construcción del castillo de Chambord.

Sin embargo, su salud lleva deteriorándose unos años y su brazo derecho en seguida se paraliza. Fallece en el pequeño castillo de Clos Lucé el 2 de mayo de 1519 y deja sus dibujos y sus notas a su alumno y amigo Francesco Melzi, su dinero a sus hermanos y su viñedo a Salai.

DA VINCI VISTO POR FREUD

En su libro titulado *Un recuerdo infantil de Leonardo da Vinci* (1910), Sigmund Freud (1856-1939) se basa en una anécdota de la infancia de Leonardo da Vinci para analizar su personalidad. Sus cuadros pasan a revelar fantasías y, sobre todo, desvelan su nostalgia de una relación intensa con la figura materna, que se encontraría en la raíz de su homosexualidad. Aunque esto no puede demostrarse con total certeza, dos documentos de 1476 relatan un juicio por sodomía en el que Leonardo da Vinci se ve envuelto. También mencionan su relación con Verrocchio. Pero se cierra el caso. De la misma manera, la relación entre Da Vinci y Salai plantea muchas preguntas que se han quedado sin respuesta.

CARACTERÍSTICAS

LA HUELLA DE VERROCCHIO

Los años que Leonardo da Vinci pasa junto a Verrochio tienen un gran impacto en sus cuadros: es innegable que se pueden encontrar ciertos rasgos del maestro en el alumno. Es el caso, sobre todo, de la famosa sonrisa, que se considera la firma de Da Vinci. En efecto, la mayoría de los personajes que pinta el artista muestran una sonrisa franca que algunos consideran misteriosa, sobre todo la de la Mona Lisa. Sin embargo, esta sonrisa enigmática ya está presente en las obras de Verrocchio. Quizás la única diferencia está en su significado: Verrocchio no le atribuye ningún sentido en particular, mientras que Da Vinci lo interpreta como un «reflejo del alma, de la actitud humana frente al mundo»[1] (Santi 1976, 62).

La influencia de Verrocchio también se puede percibir en el aspecto angelical de los rostros

---

1. Cita traducida por 50Minutos.es

que pinta su alumno y en su corona de cabellos. Además, algunas obras de Leonardo da Vinci parecen inspirarse directamente de los cuadros del maestro. Su *Retrato de Ginevra Benci* (1475), por ejemplo, se parece mucho al busto de la *Dama del ramillete* (1475-1480) que esculpe Verrocchio.

Para acabar, el hecho de que Leonardo da Vinci se afane tanto en reflejar en sus cuadros la profundidad de las escenas —a través de la perspectiva— y el volumen de los cuerpos —a través del contraste de los tonos claros y oscuros— probablemente se deba también a Verrocchio. Este último, que ante todo alcanza la fama como escultor, no deja de enseñar a su estudiante las técnicas y las particularidades de este arte, razón que lo lleva a buscar la tridimensionalidad en la pintura, a querer representar a las personas en 360°, como si se pudiese rodearlas. Esto es particularmente asombroso en sus retratos.

LA PINTURA ES UNA CIENCIA

Aunque Leonardo da Vinci se inspira mucho de su maestro, también elabora un método de trabajo original e inédito.

En sus cuadros, su objetivo es representar lo más fielmente posible la realidad, es decir, presentar un trabajo científico y exacto. Por lo tanto, la precisión y el rigor son fundamentales. Así, antes de pintar algo, el artista se pasa horas o, incluso, días observando la gente, los animales y la naturaleza, y dibujando muchos bocetos de todo ello en los que analiza sus más mínimos detalles. Sus cuadernos atestiguan este importante trabajo preliminar. Siempre aplica el mismo método: observar, repetir la observación desde distintos ángulos y dibujar. También estudia la ciencia —la anatomía, la botánica, la óptica, la geometría, etc.— y lleva a cabo experimentos —en los que llega a diseccionar cadáveres humanos y animales para comprender cómo funciona el cuerpo—. A continuación, partiendo de sus observaciones, notas y bocetos, puede componer una obra que se corresponda exactamente con la realidad. Para sus paisajes, combina tantos detalles realistas que logra reproducir una naturaleza perfectamente completa que, por consiguiente, se presenta como un espacio ideal con un carácter infinito. La técnica del *sfumato* acentúa todavía más esta particularidad.

De sus importantes y constantes investigaciones deriva una renovación del oficio de artista y una nueva concepción del pintor: este pasa a ser un investigador, un científico, a la vez que la pintura se asemeja a una auténtica ciencia o, incluso, a la ciencia suprema, puesto que combina todas las demás. Dado que, a partir de este momento, el objetivo del arte es ofrecer la representación más fiel posible de la realidad, ya no se trata de realizar composiciones neutras con personajes fijos, sino de trasladar las vivencias de los protagonistas y de representar la propia vida. *La última cena*, en la que Leonardo da Vinci pinta con un realismo asombroso las emociones de los apóstoles tras el anuncio de Jesús, representa particularmente bien esta ambición. Entonces, el movimiento se convierte en un elemento fundamental en la medida en que ayuda a plasmar los sentimientos. En este sentido, las observaciones anatómicas del artista constituyen una preciosa fuente de información: gracias a su comprensión del cuerpo humano, puede expresar todos los movimientos de manera realista.

INNOVACIONES TÉCNICAS CLAVE

Además de ser uno de los primeros artistas italianos que pinta al óleo, Leonardo da Vinci innova creando nuevos procedimientos pictóricos.

- Por lo general, se le asocia a la técnica del *sfumato*, que consiste es superponer varias microcapas de pintura para obtener un efecto nebuloso en los contornos del cuerpo. El resultado es un modelado más natural de las formas. Además, el *sfumato* permite crear un gran número de matices de colores en una pequeña parte del cuadro.

- El segundo gran invento técnico que se atribuye a Da Vinci es la perspectiva atmosférica. Se trata de difuminar progresivamente las formas y los colores para distinguir los diferentes planos de la composición, a la vez que se integran unos con otros. Esta técnica permite suavizar los contrastes y reducir las formas de los objetos alejados, que en consecuencia parece que se funden en una atmósfera brumosa.

Leonardo da Vinci también se distingue de los artistas anteriores en su concepción del paisaje y del retrato. Es el autor del primer paisaje real de la historia del arte: se trata de un dibujo hecho con pluma que representa el valle del Arno (1473). A través de simples trazos y plumeados, logra plasmar el movimiento del agua y del viento en las hojas, y tanto la perspectiva como los juegos de luces y de sombras parecen naturales. Antes de esto, cuando se representaba el paisaje, solo servía para rellenar el segundo plano. A partir de este momento, se convierte en el tema principal de la obra. En cuanto al retrato, un género muy en boga, Leonardo da Vinci le da una nueva orientación, proponiendo un tipo de retrato inédito: el retrato alegórico, cuya particularidad es representar en concreto (a través de objetos, colores, etc.) el interior del personaje y en el que se plasma mejor el movimiento. Para ello, el artista juega con la luz al situar a sus personajes sobre un fondo oscuro con el objetivo de darles un mayor volumen y, además, crea una estructura llamada «espiraliforme», que consiste en imprimir un efecto de rotación a las figuras.

Para acabar, cabe recordar que Leonardo da Vinci está en la raíz de la composición piramidal, que posteriormente será retomada por muchos artistas. También desarrolla el arte de agrupar a sus personajes para que se unan en una composición claramente definida y acentuada por juegos de miradas que los unen todavía más entre sí y expresan su relación particular.

OBRAS SELECCIONADAS

LA ÚLTIMA CENA

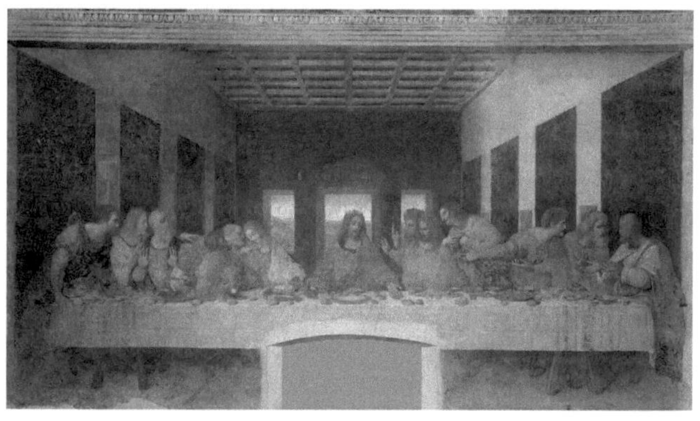

| *La última cena*, 1494-1498, fresco, 460 x 880 cm, Milán, refectorio del convento Santa Maria delle Grazie.

Esta obra es un encargo de Ludovico Sforza para el convento dominicano de Santa Maria delle Grazie en Milán. Representa el momento en el que Jesús anuncia a los apóstoles durante la eucaristía la traición de Judas, en una composición inédita. En efecto, pintar a trece personajes sentados a la mesa no es sencillo. Por lo general,

Judas se desmarca de los apóstoles y se le sitúa enfrente de ellos, pero Leonardo da Vinci rompe con la tradición y lo pinta en la mesa, al lado de Jesús y de los apóstoles. El traidor, sentado a la derecha de Jesucristo, tan solo se distingue del resto de personajes por su ausencia de reacción.

En este fresco monumental, Leonardo da Vinci otorga una gran importancia a la representación de los sentimientos. Es la primera vez en la historia de este tema tan preciado que se hace hincapié en lo que sienten de los personajes y no en el acontecimiento en cuestión. De esta manera, Da Vinci nos ofrece un auténtico análisis psicológico de cada uno de los protagonistas representados a través de sus gestos agitados y de la expresión de sus caras: uno deja de beber, estupefacto, el otro muestra preocupación, un tercero, conmocionado, tira un vaso encima de la mesa, etc. La variedad de las posturas y de las expresiones convierte a esta obra en un auténtico estudio del alma humana.

La última cena también brinda un examen avanzado de la perspectiva: de hecho, aunque Leonardo da Vinci sigue las reglas de base, va más allá al desarrollar una perspectiva más realista, que se corresponde más con la visión del ojo humano. Al dar la impresión de que el refectorio y la escena representada están en continuidad directa, el fresco ofrece una apertura y prolonga el espacio del refectorio del convento. Esto cobra aún más veracidad porque los objetos pintados en la obra son idénticos a los objetos reales que utilizan los monjes.

Desgraciadamente, el estado de conservación de *La última cena* es deplorable. Ya cuando se crea, esta cuestión es problemática por el método que utiliza Leonardo da Vinci: este, con ganas de experimentar, aparca la técnica habitual del fresco y utiliza una mezcla de óleo y al temple (pintura en la que los pigmentos se trituran en agua y se mezclan con goma) para poder retocar su obra cuando quiera. Pero el fresco se estropea rápidamente, sobre todo a causa de la humedad de la sala. Con el paso de los siglos, los restauradores que han intervenido solo han conseguido desnaturalizar la obra original. Afortunadamente, en el siglo XX, unas nuevas operaciones han permitido volver a encontrar los vestigios de *La última cena* de Da Vinci.

La última cena en seguida alcanza un gran éxito. Cuando Francisco I visita el convento, cae rendido ante el fresco e incluso llega a pedir que rompan el muro para llevarse la obra a Francia. Mucho después, Napoleón I (1769-1821) también formula el deseo de transportarla hasta el Hexágono. A pesar de ello y de la destrucción del convento con los bombardeos en 1943, *La última cena* sigue estando en el mismo lugar.

LA GIOCONDA

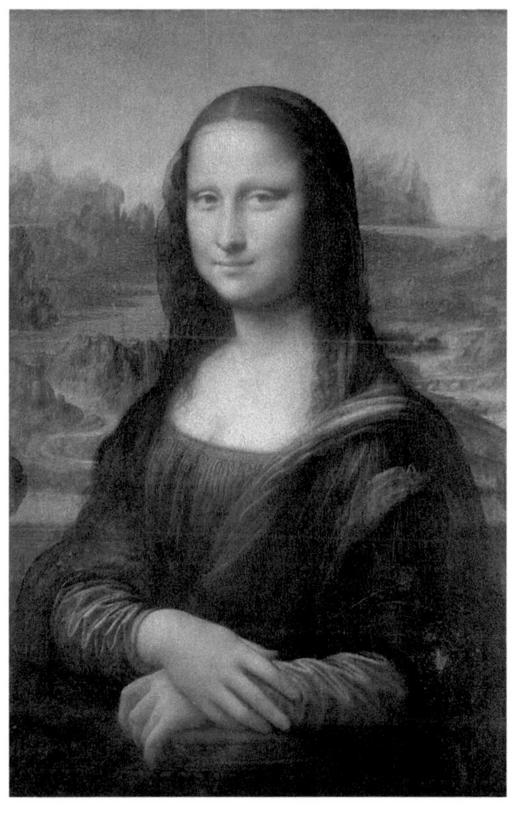

| *La Gioconda*, 1503-1505, óleo sobre madera, 77 x 53 cm, París, Museo del Louvre.

Este retrato representa a Mona Lisa, la esposa

de un rico comerciante florentino, Francisco del Giocondo, y se realiza a petición de este último. Sin embargo, el cuadro jamás será entregado: cuando muere Leonardo da Vinci, entra a formar parte de las colecciones francesas. Las radiografías muestran que el pintor retoca su obra en múltiples ocasiones, lo que indica que siempre está buscando la perfección.

Es la primera vez que un retrato italiano representa un modelo en un marco tan amplio: la mitad superior del cuerpo es completamente visible, sin que haya una zona pegada al borde del marco o parcialmente escondida. La joven está representada como un busto, ligeramente inclinada —lo que permite verla desde todos los ángulos— y con la mirada puesta en el espectador. Su posición en primer plano da una sensación de monumentalidad que desconcierta cuando uno conoce las pequeñas dimensiones del cuadro, aunque esto acentúa el encanto y la estabilidad que desprende el personaje, del que sin embargo también emana una cierta frialdad. Sus ojos y su sonrisa reflejan a la vez ironía y sabiduría.

El paisaje en segundo plano es imaginario. De hecho, de ambos lados del rostro del personaje salen dos líneas que marcan el horizonte y que no coinciden. La diferencia de nivel recalca la sonrisa y da la sensación de que solo es el esbozo de una risa franca. Se trata del elemento central del cuadro, hasta el punto de que parece que el resto solo está pintado para darle un marco. Sintetiza pensamientos muy variados, lo que la convierte en universal y, al mismo tiempo, otorga a la Gioconda un aspecto intemporal. Además, forma parte del misterio que todavía en la actualidad rodea la obra: ¿por qué Mona Lisa sonríe y por qué Leonardo da Vinci pinta este retrato? No hay respuesta para esta pregunta. Algunos incluso dudan de la identidad de la joven representada y su belleza casi sobrenatural siempre ha despertado muchas emociones. Constantemente le atribuyen nuevas identidades: el ideal femenino, un vampiro, una esfinge, una sirena, una madona, una prostituta o, incluso, un hermafrodita. Sea como fuere, la unión de la sonrisa enigmática y del paisaje irreal transforman este simple retrato en la representación de un ideal.

Para acabar, cabe señalar que en este cuadro Leonardo da Vinci lleva a su apogeo la técnica del *sfumato*, que permite unir a Mona Lisa con la naturaleza en segundo plano. Así, la obra muestra una verdadera armonía: el acueducto a lo lejos, en el paisaje de la derecha, prolonga la bufanda que lleva la joven sobre el hombro, mientras que los rizos de sus cabellos se funden con las rocas del paisaje de la izquierda.

LHOOQ

La Gioconda, probablemente la obra más famosa del mundo, ve cómo aumenta su popularidad cuando en 1911 roba el cuadro del Louvre Vincenzo Peruggia (1881-1925), un obrero italiano que quiere devolver el lienzo a su patria. Además, a lo largo de todo el siglo XX, esta obra es el punto de partida de muchas reacciones artísticas inconformistas que se enfrentan al arte tradicional y, entre ellas, la más famosa es sin duda la de Marcel Duchamp (1887-1968), que en 1919 le pone a la Mona Lisa un bigote y una barba de chivo, y rebautiza el cuadro como *LHOOQ*.

LA VIRGEN DE LAS ROCAS

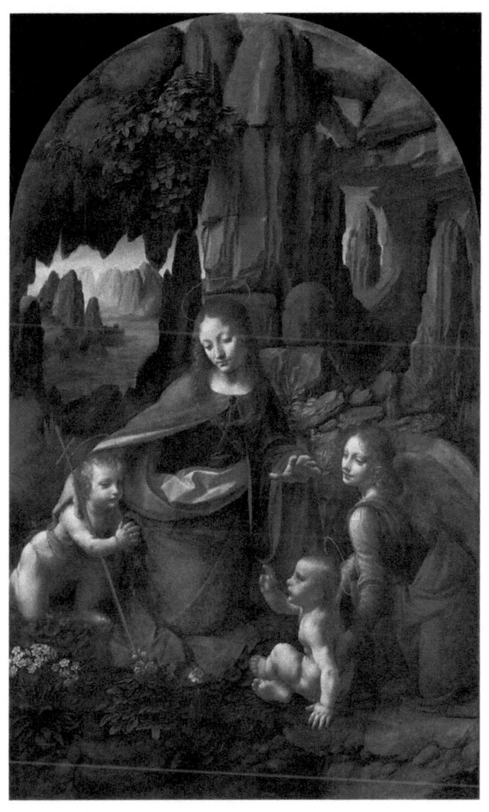

| *La Virgen de las rocas*, 1495-1508, óleo sobre madera, 189,5 x 120 cm, Londres, National Gallery.

Existen dos versiones de este cuadro: la primera

(1488) se conserva en el Louvre, en París, y la segunda, en la National Gallery de Londres. Esta última es el panel central de un retablo en forma de tríptico destinado a la capilla de San Francisco el Grande, en Milán. Los paneles laterales están decorados por dos ángeles que llevan a cabo alumnos de Leonardo da Vinci.

Esta segunda versión es la más elaborada y la más innovadora. Encarna lo que será el arte del siglo XVI, con sus grandes figuras y sus contrastes subrayados por juegos de claroscuros que destacan la fisionomía y la plástica de las representaciones. Además, ya tenemos ante nuestros ojos una composición piramidal: la Virgen está en la cima, mientras que los dos niños (Jesucristo a la derecha y san Juan Bautista a la izquierda) y el ángel están bajo sus brazos tendidos hacia el suelo. Además, los personajes son mucho más conscientes de su papel que en la primera versión. Sus rostros expresan su estado anímico: la ternura maternal de la Virgen se percibe en la suavidad de sus rasgos, mientras que el aspecto serio del niño Jesús se traduce en la seguridad de su bendición y en su vivacidad. Para acabar, la escena es todavía más sobrenatural que la primera obra, lo que la convierte en menos banal.

Aquí, el paisaje rocoso adquiere un sentido metafórico. La caverna en cuya entrada se desarrolla la escena representa a la vez la matriz materna y la caverna del conocimiento. Constituye un refugio, un lugar protegido y aislado en el que los personajes forman un todo unido. Por lo tanto, el lienzo no muestra un episodio bíblico preciso y no solo remite al misterio de la Inmaculada Concepción, sino que está dotado de una multitud de significados distintos: puede representar tanto el nacimiento del mundo como, por ejemplo, la transmisión y la divinización del saber. Por su parte, el segundo plano ofrece una sensación de espacio infinito en la esquina izquierda. Sin embargo, todo en esta composición está representado con mucho realismo.

Probablemente se trate del cuadro más enigmático de Leonardo da Vinci, ya que plantea muchas preguntas que no están resueltas. ¿Cuál es el valor simbólico real de la composición? ¿Qué significado hay que atribuir a los gestos de los protagonistas? ¿Hay que ver en esta composición una primera clasificación de los elementos terrestres (agua, aire, tierra)? ¿Se trata de una suma de todos los conocimientos? El pintor no deja ningún indicio y las interpretaciones son infinitas.

LA VIRGEN, EL NIÑO JESÚS Y SANTA ANA

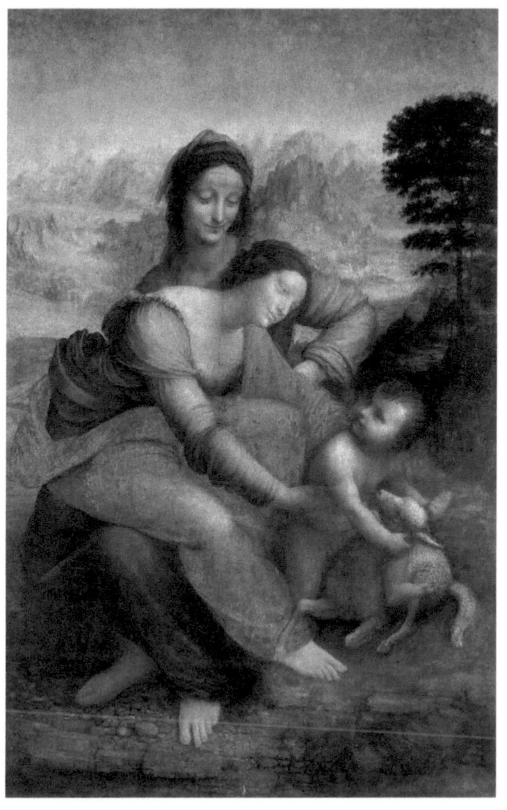

| *La Virgen, el niño Jesús y santa Ana*, c. 1510, óleo sobre madera, 168 x 130 cm, París, Museo del Louvre.

El tema de esta obra persigue a Leonardo da Vinci desde 1500. De hecho, elabora varios bocetos diferentes que representan a la Virgen, al niño Jesús y a santa Ana. El episodio no proviene de la Biblia, puesto que santa Ana muere antes de que nazca Jesús. Así, se trata de un tema simbólico: la santa Ana trinitaria, representación de tres generaciones. El cuadro es encargado para el altar mayor de la iglesia de la Santissima Annunziata de Florencia y probablemente sea el rey Luis XII quien hace el encargo para celebrar el nacimiento de su hija única, Claudia, dado que su esposa se llama Ana. Pero el lienzo, inacabado, jamás se entrega.

La composición es extremadamente dinámica: los personajes no están quietos, sino en movimiento, como si estuvieran llevados por el núcleo de la acción, sus cuerpos están contorsionados y el agua parece brotar realmente de las montañas que están en segundo plano. La Virgen, que está detrás, es una prolongación de santa Ana, vestida de rojo y de un azul intenso. Así, establece el vínculo entre su madre y el niño Jesús, y une las tres generaciones. Una unión que se ve más reforzada sobre todo por las miradas diagonales.

Además, su brazo derecho parece sustituir al de santa Ana, mientras que su brazo izquierdo está continuado por el del niño. Estas posiciones dan la sensación de que el movimiento de la madre hacia su hijo está descompuesto.

Por otra parte, santa Ana sujeta su brazo como si un niño reposara en él y la cabeza de la Virgen parece posarse sobre el hombro de su madre, tal y como lo haría un niño pequeño. Además, el cordero simboliza la Pasión de Cristo, su futuro sacrificado. Las expresiones sonrientes trasladan la ternura, el sentimiento materno que une a los personajes y su deseo de protegerse entre sí. Aunque los juegos de miradas refuerzan el sentimiento de unión del grupo, también recalcan su aislamiento con respecto al espectador. La escena parece desarrollarse fuera del mundo de los mortales, sobre todo porque el grupo está separado del espectador por una sima. Esta interpretación, que se ve reforzada por la presencia de un paisaje montañoso en segundo plano que se difumina en el azul del cielo, da a la representación una impresión de infinito. El tono azul se obtiene gracias a una serie de veladuras propias de la técnica del *sfumato*. La perspectiva atmosférica permite por su parte fundir a santa Ana y, por lo tanto, al grupo, en su entorno, en particular por el lado derecho de la escena, donde los matices de colores se vuelven más sutiles, mientras que el alejamiento de los elementos es más importante.

Para acabar, gracias a sus juegos de claroscuro, Leonardo da Vinci logra crear pliegues ricos y ligeros a la vez: dejan entrever las formas de los cuerpos que envuelven. Así, la pierna derecha de la Virgen parece transparentarse a través de su vestido. Con sus juegos de luces y de sombras, el artista también destaca la sonrisa de los personajes y su expresión bondadosa.

LEONARDO DA VINCI, UNA FUENTE DE INSPIRACIÓN

La influencia de Leonardo da Vinci es incalculable, incluso cuando él está en vida. Gracias a sus numerosos viajes, conoce a muchas personalidades y no deja a nadie indiferente. Además, por la diversidad de sus centros de interés, sus investigaciones y sus descubrimientos tienen un impacto en una gran variedad de ámbitos.

Sus alumnos son los primeros en transmitir su marca. Forman un conjunto de pintores, desperdigados alrededor del Mediterráneo, a los que comúnmente se llama los «leonardescos» por lo cercanas que son sus obras a las de su maestro. Retoman principalmente su *sfumato* y la famosa sonrisa de los personajes. Los más conocidos son Giovanni Ambrogio de Predis (1455-1508), Giovanni Boltraffio (1467-1516) y Cesare da Sesto (1477-1523).

Leonardo da Vinci también ejerce una gran

influencia sobre Rafael. El *Retrato de Magdalena Doni* (1506) de este último se asemeja mucho a *La Gioconda*: tiene la misma postura, un encuadre similar y el mismo degradado de azul en segundo plano. Rafael también toma prestada de Da Vinci la disposición piramidal de sus personajes, sobre todo en *La bella jardinera* (1505-1508), así como el *sfumato* y los juegos de claroscuro que aparecen por ejemplo en la *Madona del Gran Duque* (1504-1505). Al igual que él, agrupa a sus personajes, expresa la relación entre ellos de forma visual e idealiza la naturaleza para representar un espacio infinito.

Las obras del alemán Alberto Durero (1471-1528) también ofrecen un testimonio de la influencia del maestro italiano. Este artista, a quien apodan el Leonardo del norte, se interesa sobre todo por las investigaciones de Da Vinci en el ámbito de la anatomía, las proporciones y las ciencias naturales, así como por sus dibujos de arquitectura militar y por sus emblemáticos lazos.

Son igualmente numerosos los aportes de Leonardo da Vinci en el ámbito de las ciencias. Los dibujos que salen de sus observaciones han llegado a revolucionar varios sectores científicos.

Por su precisión y su exactitud, Da Vinci a veces está considerado como el padre de la botánica. También es el primero en describir la formación de las rocas sedimentarias y el origen de los fósiles marinos, mientras que las disecciones le permiten descubrir algunas particularidades anatómicas, sobre todo con respecto al corazón, y le ayudan a poner a punto técnicas que, desde entonces, han logrado que el estudio anatómico progrese considerablemente. Pero sus estudios y sus inventos también están en la raíz de creaciones posteriores muy importantes, como la máquina de vapor.

Tras su fallecimiento, Leonardo da Vinci casi es divinizado, sobre todo gracias a la biografía que le dedica Giorgio Vasari (1511-1574) en su *Vida de los más excelentes pintores, escultores y arquitectos* (1550-1568). Sin embargo, en los siglos posteriores, muchos artistas se oponen a la concepción tradicional del arte y toman a Leonardo da Vinci como cabeza de turco. Así, a partir de John Ruskin (1819-1900), la obra de Da Vinci solo suscita desdén. Auguste Renoir (1819-1900) llega a decir que este último lo aburre. Y cuando Freud publica el psicoanálisis del pintor florentino, los artistas contemporáneos comprueban con alivio que Leonardo da Vinci no era perfecto. Por lo tanto, puede ser igualado e, incluso, superado.

Eso no quiere decir que todos se opongan a él. Por ejemplo, los futuristas italianos se sienten cercanos a él por sus teorías, aunque aborrecen a *La Gioconda*. Sea como fuere, se sigue hablando de Leonardo da Vinci cinco siglos después de su muerte. Este constante objeto de fascinación todavía sirve de inspiración y de punto de partida para nuevas reflexiones y teorías artísticas.

EN RESUMEN

- Leonardo da Vinci nace en 1452 en Toscana. Aunque es un hijo ilegítimo, es reconocido y educado por su familia paterna. Su talento por la pintura y por el dibujo le permite entrar en el taller de Verrocchio en Florencia a partir de 1469.
- En 1482, acude a Milán junto a Ludovico Sforza. Los diecisiete años que pasa allí son los más productivos de su vida. En particular, en esta época pinta *La última cena* en el refectorio del convento Santa Maria delle Grazie.
- A continuación, vuelve a Florencia, pasa a trabajar para César Borgia, regresa a Milán y se instala durante un tiempo en el Vaticano, antes de abandonar definitivamente Italia para vivir en Amboise, cerca de Francisco I, donde muere en 1519.
- Los centros de interés de Leonardo da Vinci son extremadamente variados. Todo le fascina, desde la anatomía a la geología, pasando por la óptica, la botánica, la arquitectura, la pintura, la escultura o la ingeniería. En este

aspecto, representa a la perfección a su época, que tiene sed de conocimientos.

- Elabora un método de trabajo único, que desvela su curiosidad sin límites. Pasa un tiempo muy largo observando todo lo que le rodea, anota sus observaciones, realiza bocetos y elabora teorías que registra en miles de páginas. Con él, el arte se convierte en una auténtica ciencia, fruto de importantes investigaciones y observaciones minuciosas.

- En el ámbito de la pintura, aunque está profundamente influido por su maestro Verrocchio, de quien toma sobre todo la famosa sonrisa de sus personajes, lo cierto es que también desarrolla nuevas técnicas de representación: la composición piramidal, el *sfumato*, que permite obtener un efecto vaporoso alrededor de los cuerpos, y la perspectiva atmosférica, que consiste en difuminar progresivamente las formas y los colores para marcar los distintos planos de la composición. Por otra parte, se encuentra en el origen del primer paisaje artístico y crea los retratos alegóricos.

¡Tu opinión nos interesa!
¡Deja un comentario en la página web de tu librería en línea,
y comparte tus favoritos en las redes sociales!

PARA IR MÁS ALLÁ

FUENTES BIBLIOGRÁFICAS

- Alberti de Mazzeri, Silvia. 1984. *Léonard de Vinci. L'homme et son temps*. París: Payot.

- Arasse, Daniel. 1997. *Léonard de Vinci*. París: Hazan.

- Bramly, Serge. 1996. *Léonard de Vinci*. París: Le Livre de Poche.

- Brioist, Pascal. 2011. *Léonard de Vinci. Arts, sciences et techniques*. París: La Documentation française.

- Colectivo. 2008. *Léonard de Vinci: un sacré bon- homme*, n.º 113. París: Historia Thématique.

- Debolini, Francesca. 2000. *Léonard de Vinci*. París: La Martinière.

- Fride-Carrassat, Patricia. 2001. *Les Maîtres de la peinture*. París: Larousse.

- Koering, Jérémie. 2007. *Léonard de Vinci. Dessins et peintures*. París: Hazan.

- MacCurdy, Édouard. 1987. *Les Carnets de Léonard de Vinci*. París: Gallimard.

- Marani, Pietro. 1991. *Léonard de Vinci. Catalogue complet des peintures*. París: Bordas.

- Murray, Linda. 1995. *La Haute Renaissánce et le*

maniérisme. París: Thames et Hudson.

- Santi, Bruno. 1976. *Léonard de Vinci*. París: Princesse.

- Vezzosi, Alessandro. 1996. *Léonard de Vinci. Art et science de l'univers*. París: Gallimard.

- Wallace, Robert. 1975. *Léonard de Vinci et son temps. 1452-1519*. Ámsterdam: Time-Life.

FUENTES ICONOGRÁFICAS

- Da Vinci, Leonardo, *La última cena*, 1494-1498, fresco, 460 x 880 cm, Milán, refectorio del convento Santa Maria delle Grazie. La imagen reproducida está libre de derechos.

- Da Vinci, Leonardo, *La Gioconda*, 1503-1505, óleo sobre madera, 77 x 53 cm, París, Museo del Louvre. La imagen reproducida está libre de derechos.

- Da Vinci, Leonardo, *La Virgen de las rocas*, 1495-1508, óleo sobre madera, 189,5 x 120 cm, Londres, National Gallery. La imagen reproducida está libre de derechos.

- Da Vinci, Leonardo, *La Virgen, el niño Jesús y santa Ana*, c. 1510, óleo sobre madera, 168 x 130 cm, París, Museo del Louvre. La imagen reproducida está libre de derechos.

FUENTES COMPLEMENTARIAS

- Chauveau, Sophie. 2008. *Léonard de Vinci*. París: Gallimard.

  Se trata de una biografía novelada del artista.

PELÍCULAS Y DOCUMENTALES

- *Leonardo da Vinci*. Dirigido por Tim Dunn, en dos partes (*The Man Who Wanted to Know Everything* y *Dangerous Liaisons*). Reino Unido: 2003.

- *Léonard de Vinci. Chefs-d'œuvre masqués*. Dirigido por Nigel Lévy. Reino Unido: 2008.

- *Léonard de Vinci. La restauration du siècle*. Dirigido por Stan Neumann. Francia: ARTE France, Musée du Louvre, Nord-Ouest Documentaires, CFRT, 2012.

- *Inside the Mind of Leonardo*. Dirigido por Julian Jones. Francia, Reino Unido y Canadá: Handel Productions, IWC Media, 2013.

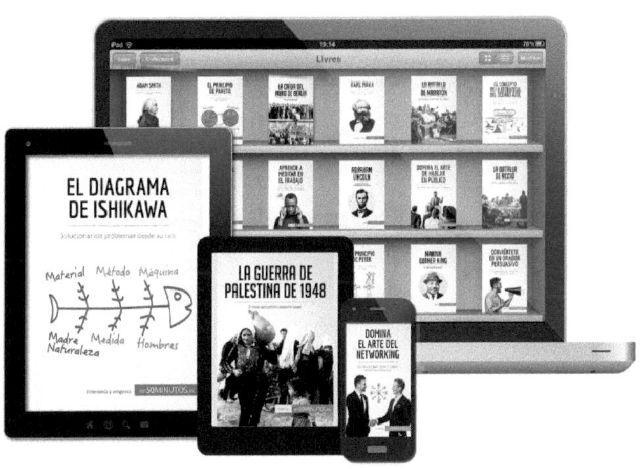

50MINUTOS.es
Historia
Economía y empresa
Coaching
Book Review
Salud y bienestar
Arte y literatura
EL DIAGRAMA DE ISHIKAWA
LA GUERRA DE PALESTINA DE 1948
DOMINA EL ARTE DEL NETWORKING
¡APRENDER NUNCA ANTES FUE TAN RÁPIDO!
www.50minutos.es